AF356902

DÉCLARATION
DU ROI,

Qui leve la modification insérée par le Parlement de Toulouse, dans l'enregistrement de l'Édit du mois de Novembre 1787, concernant ceux qui ne font pas profession de la Religion Catholique.

Du 7 Mars 1788.

Regiſtrée en Parlement, le 17 Mars 1788.

LOUIS, par la grace de Dieu, Roi de France & de Navarre : A tous ceux qui ces préſentes Lettres verront, SALUT. Par l'article premier de notre Edit du mois de Novembre mil ſept cent quatre-vingt-ſept, concernant ceux de nos Sujets qui ne font pas profeſſion de la Religion Catholique, Apoſtolique & Romaine, Nous leur avons permis d'exercer dans nos États leurs Commerces, Arts, Métiers & Profeſſions, ſans que, ſous prétexte de leur Religion, ils puiſſent y être troublés ni inquiétés ; & néanmoins nous avons excepté deſdites Profeſſions toutes les Charges de Judicature ayant

A

provifion de Nous ou dés Seigneurs, les Municipalités érigées en titre d'Office & ayant fonctions de Judicature, & toutes les Places qui donnent le droit d'enfeignement public. Nous fommes informés que notre Cour de Parlement de Touloufe, en ordonnant l'enregiftrement de notre Édit, par fon Arrêt du vingt-trois Février dernier, s'eft permis d'y inférer cette modification : « *Sans qu'on puiffe induire de l'article pre-* » *mier du préfent Édit, que les non-Catholi-* » *ques puiffent être nommés aux Places de* » *Maire, Lieutenant de Maire, Capitouls,* » *Confuls, Jurats ou Échevins* ». Notre volonté étant de rendre l'exécution de notre Édit uniforme dans tout notre Royaume, & plufieurs de nos Cours ayant déja enregiftré purement & fimplement ledit Édit, il eft important de ne pas laiffer fubfifter les variations qu'apporteroit cette modification, nous avons jugé à propos d'y pourvoir. A CES CAUSES, & autres à ce nous mouvant, de l'avis de notre Confeil, & de notre certaine fcience, pleine puiffance & autorité royale, Nous avons dit & ordonné, & par ces Préfentes, fignées de notre main, difons & ordonnons, voulons & nous plaît que, fans s'arrêter à la modification inférée dans l'enregiftrement de notre Cour de

Parlement de Touloufe du vingt-trois Février dernier, laquelle fera regardée comme nulle & non avenue, notre Édit du mois de Novembre mil fept cent quatre-vingt-fept, concernant ceux de nos Sujets qui ne font pas profeffion de la Religion Catholique, Apoftolique & Romaine, fera exécuté fuivant fa forme & teneur. SI DONNONS EN MANDEMENT à nos amés & féaux Confeillers les Gens tenant notre Cour de Parlement à Touloufe, que ces Préfentes ils aient à enregiftrer, & le contenu en icelles garder, obferver & faire exécuter felon fa forme & teneur, fans y contrevenir, ni fouffrir qu'il y foit contrevenu en quelque forte & maniere que ce foit; CAR tel eft notre plaifir: En témoin de quoi nous avons fait mettre notre fcel à cefdites Préfentes. DONNÉ à Verfailles, le feptieme jour du mois de Mars, l'an de grace mil fept quatre-vingt-huit, & de notre regne le quatorzieme. *Signé* LOUIS. *Et plus bas;* Par le Roi, le Baron DE BRETEUIL.

Lue & publiée de l'exprès commandement du Roi, porté par le Sr Comte DE PÉRIGORD, Grand d'Efpagne de la premiere Claffe, Chevalier des Ordres de Sa Majefté, Lieutenant Général de fes Armées, Gouverneur de Pi-

cardie, & Commandant en chef en Languedoc ; & enregiſtrée, oui & ce requérant le Procureur Général du Roi, pour être exécutée ſelon ſa forme & teneur ; & copies collationnées d'icelle envoyées aux Siéges du reſſort, pour y être pareillement lues, publiées & regiſtrées : enjoint au Procureur Général du Roi d'y tenir la main. A Touloufe, le dix—ſeptieme jour du mois de Mars mil ſept cent quatre-vingt-huit. NAVERES, Greffier.

Collationné par Nous Ecuyer, Conſeiller-Secrétaire du Roi, Maiſon, Couronne de France, Audiencier en la Chancellerie de Languedoc, près le Parlement de Touloufe.

ARRÊTÉ

DE LA COUR

DU PARLEMENT,

Du 17 Mars 1788, à sept heures de relevée.

Extrait des Regiſtres du Parlement.

LA Cour, toutes les Chambres aſſemblées, délibérant ſur la tranſcription faite dans ſes Regiſtres de la Déclaration du 7 de ce mois.

Conſidérant, que *la premiere & principale autorité des Parlemens eſt de vérifier les Ordonnances ; que telle eſt la Loi du Royaume, que nuls Édits n'ont effet, & on ne les tient pour tels, s'ils ne ſont vérifiés aux Cours ſouveraines, & par la libre délibération d'icelles* (1).

Que la néceſſité de la vérification libre a été formellement reconnue par les Rois eux-mêmes. Charles VI, Louis XI, Louis XII, François Iᵉʳ, Henri II, Charles IX, Henri IV, Louis XIV.

Que c'eſt une de ces Loix qui tiennent

____

(1) La Roche, des Parlemens, liv. 13, chap. 17.

A 3

aux principes conftitutifs de la Monarchie
Françoife , & contre lefquelles tout ce qui
fe fait eft nul de droit.

Que la furprife faite à la religion du
Seigneur Roi eft manifefte, puifqu'on n'a
pas laiffé le temps de faire le plus léger
examen de ladite Déclaration, & qu'il n'y
a prefque pas eu d'intervalle entre le moment où elle a été préfentée pour y délibérer , & celui où elle a été tranfcrite par
voie d'autorité fur les regiftres.

Ladite Cour a protefté & protefte contre
ladite tranfcription , & contre la publication qui s'en eft enfuivie. Les a déclarées &
déclare illégales, nulles & de nul effet.

A arrêté en outre de faire audit Seigneur
Roi de très-humbles & très-refpectueufes
Remontrances , tant fur le fond de ladite
Déclaration, que fur la violence & la pré-
cipitation inouie de l'enregiftrement.

TRÈS-HUMBLES

ET TRÈS-RESPECTUEUSES

REMONTRANCES,

Que préfentent au R O I les Gens tenant fa Cour de Parlement de Touloufe, au fujet de la Déclaration du 7 Mars 1788, qui leve la modification mife à l'Edit du mois de Novembre 1787, concernant ceux qui ne font pas profeffion de la Religion Catholique.

SIRE,

VOTRE Parlement n'étoit pas encore revenu du trouble & de la confternation où l'avoit jetté la tranfcription illégale de l'Edit des Vingtiemes : il gémiffoit fur le malheur des Peuples, de ne pouvoir être gouvernés que par des hommes fujets aux

A 4

foibleſſes de l'humanité, & ſur la condition
des meilleurs Rois, d'être ſans ceſſe ex-
poſés à la plus ſéduiſante de toutes les
tentations, celle de la puiſſance (1). Ab-
ſorbés dans ces triſtes penſées, nous ne
rempliſſions qu'avec amertume les fonctions pénibles de notre miniſtere, lorſque
l'enregiſtrement de votre Déclaration du
7 Mars dernier, fait en vertu des ordres
abſolus de VOTRE MAJESTÉ, a mis le
comble à notre douleur. Jamais deux pareils
actes du pouvoir arbitraire ne s'étoient
ſuccédés avec tant de rapidité; & ſi le
premier, par ſon objet, bleſſe plus ſenſi-
blement l'intérêt public, le ſecond eſt plus
irrégulier dans la forme, & plus dangereux
dans ſes conſéquences.

Les vues pleines de juſtice & d'humanité
qui ont dicté votre Edit du mois de Novembre dernier, ſont parfaitement expri-
mées dans le préambule. VOTRE MAJESTÉ
y déclare que *ſes Sujets non Catholiques
ne tiendront de la Loi que ce que le droit
naturel ne permet pas de leur refuſer, de faire
conſtater leurs naiſſances, leurs mariages &
leurs morts, afin de jouir des effets civils*

---

(1) Il n'y a point de plus grande tentation, même pour
les bons Rois, que celle de la puiſſance. Boſſuet, pol. tirée
de l'Ecriture Sainte, liv. X, art. VI, prop. prem.

qui en réfultent. Que du refte *ils feront privés de toute influence fur l'ordre établi dans vos Etats.* Quelle eft la conféquence naturelle de ces principes ? N'eft - ce pas que, conformément aux regles d'une bonne adminiftration, toutes les fonctions civiles, au nombre defquelles il faut compter les Municipalités, doivent être réfervées à ceux qui profeffent la Religion dominante ?

Cependant, à prendre l'article premier à la lettre, il s'enfuivroit que les non Catholiques pourroient être admis à la plupart des Municipalités, parce qu'elles n'ont pas la double qualité d'être érigées en titre d'Office, & d'exercer des fonctions de judicature. *Exceptons néanmoins,* dit cet article, *des profeffions que les non Catholiques pourront exercer . . . . les Municipalités érigées en titre d'Office, & ayant fonction de judicature.*

Comment écarter cette contradiction apparente, fi ce n'eft en fuppofant qu'il s'étoit gliffé une de ces légeres inexactitudes, qui ne font que trop ordinaires dans le langage humain, & qu'on avoit mis ce que les Grammairiens appellent la conjonction copulative à la place de la disjonctive. Cette interprétation, qui s'ac corde si bien avec les regles du droit (1), étoit ici d'autant plus juste, que VOTRE MAJESTÉ l'indiquoit Elle-même dans sa Réponse du 27 Janvier dernier aux Remontrances du Parlement de Paris.

Permettez-nous, SIRE, de la remettre en abrégé sous vos yeux. Après avoir déclaré que *votre Edit se borne à donner un état civil à ceux qui ne professent pas la vraie Religion, & que c'est-là votre seul objet,* vous renvoyez à un autre temps à vous expliquer sur ce qui regarde le patronage, les loix pénales, la restitution des biens ; & puis vous ajoutez : *j'ai fait usage du surplus de vos observations, que j'ai trouvées conformes à l'esprit de la Loi & à mes intentions.* Or, parmi ces observations, on lit celle qui suit : *Il seroit important de joindre à l'article premier une disposition par laquelle les non Catholiques fussent exclus des places de Judicature, de ce qui tient à l'instruction publique & des Municipalités.... Le même principe conduit à comprendre dans cette défense les Municipalités érigées en titre d'Office, & celles*

____

(1) *Conjunctionem enim nonnumquam pro disjunctione accipi labeo, ait Leg.* 29, *ff. de reg. juris. Sæpe ita comparatum est ut conjuncta pro disjunctis accipiantur & disjuncta pro conjunctis, Leg.* 56, ibidem.

auxquelles font attachées des fonctions de judicature.

Ainfi, en déclarant qu'on ne pourra pas induire de l'article premier de l'Edit du mois de Novembre dernier, que les non Catholiques puiffent être nommés aux places de Maire, Lieutenant de Maire, Capitouls, Confuls, Jurats & Echevins, votre Parlement ne faifoit qu'énoncer le vrai fens de cet article; & une explication fi naturelle, que toutes les Cours auroient adoptée d'elles-mêmes, loin d'introduire des variétés dans l'exécution, étoit propre, au contraire, à en affurer l'uniformité.

Que dans certaines Communautés, où il n'y a prefque point de Catholiques, on tolere que des Proteftans occupent les Municipalités, c'eft le cas où la néceffité peut fervir d'excufe. Mais établir en loi pofitive & générale que les ennemis même du nom Chrétien, tels que les Juifs, les Païens, les Mahométans, ne feront point exclus des fonctions municipales, c'eft-à-dire, qu'on pourra leur confier la manutention de la Police, le foin de veiller à l'obfervation des fêtes, au maintien de la décence extérieure du culte & des dehors auguftes de la Religion; c'eft-là, SIRE, une difpofition à laquelle on ne devoit pas s'attendre de la part de VOTRE MAJESTÉ, après vous avoir entendu annoncer si hautement que *vous maintiendrez toujours, par la protection la plus constante, la Religion Chrétienne, & que vous ne permettrez pas qu'elle souffre le plus léger affoiblissement dans votre Royaume* (1).

Il est donc prouvé que la modification apposée à l'article premier de l'Edit du mois de Novembre dernier, est fondée sur les motifs les plus puissans, & cependant on n'a pas même daigné s'en informer. Jusqu'à présent, on n'avoit pas contesté au Parlement le droit de modifier les Loix en les vérifiant; droit formellement reconnu par l'article 207 de l'Ordonnance de Blois, & qu'il a de tout tems exercé avec l'approbation du Souverain. Nos registres sont pleins d'Arrêts d'enregistrement, qui renferment, non pas seulement de simples explications, mais les restrictions & les limitations les plus importantes (2). Il est même certain que le Conseil de VOTRE MAJESTÉ les regarde comme faisant partie intégrante de la Loi, & devant servir de

---

(1) Discours du Roi au Parlement, à la Séance du 19 Novembre dernier.

(2) Voyez entr'autres les modifications apposées à l'Edit de 1629.

regle aux Jugemens (1). Sans doute, de quelque genre que foient les modifications, elles peuvent être levées par des Déclarations ou des Lettres Patentes. Mais ces actes de l'autorité légiflative font fujets, comme tous les autres, à l'enregiftrement : nulle diftinction à faire à cet égard ; la Déclaration du 15 Septembre 1715, non plus que l'Edit de Février 1775, n'en admettent point. Il ne feroit pas, en effet, raifonnable que le Légiflateur voulût anéantir, d'un feul mot & fans examen, le fruit des plus férieufes méditations de fon Parlement. Auffi, pour ne citer qu'un exemple affez récent, les Lettres Patentes du 8 Mai 1783, qui levent la modification appofée à la Déclaration du 16 Mars précédent, firent l'objet d'une longue difcuffion de près de fept mois, & ne furent enregif-trées qu'en vertu des Lettres de Juffion du 10 Décembre de la même année.

La poftérité pourra-t-elle croire que la Déclaration du 7 Mars dernier, qui leve la modification inférée dans l'enregiftrement de

____

(1) Un Arrêt du Parlement de Dijon, du 7 Avril 1729, fut caffé au Confeil d'Etat, pour s'être trouvé contraire à l'une des modifications appofées par ce Parlement à l'Ordonnance de 1629, quoiqu'il fût conforme à la difpofition textuelle de cette Ordonnance. Traité du Droit François, à l'ufage du Duché de Bourgogne, tome 5.

l'Edit, concernant les non-Catholiques, ait été transcrite par voie d'autorité sur nos regiſtres, le 17 du même mois, & le jour même où il avoit été délibéré d'en renvoyer l'examen à des Commiſſaires. Il n'y a jamais eu d'exemple d'une ſi grande précipitation. Voilà où conduit l'oubli des principes, voilà le funeſte enchaînement des erreurs.

Votre Parlement, SIRE, a ſi ſouvent démontré la néceſſité de la vérification libre des Loix ; elle a été ſi expreſſément reconnue par nos Rois eux – mêmes, Charles VI, Louis XI, Louis XII, François Ier, Henri II, Charles IX, Henri IV, Louis XIV (1), qu'il ſeroit ſuperflu d'en apporter ici de nouvelles preuves. Elle ſera toujours regardée comme une Loi qui tient aux principes conſtitutifs de la Monarchie Françoiſe, comme les reſtes précieux des formes antiques de notre Légiſlation, & comme la ſauve–garde de toutes les Loix. Si l'on s'eſt quelquefois permis de l'enfreindre, du moins on ne s'y portoit qu'à regret, comme à un de ces partis violens qu'on ne prend qu'avec répugnance & à la derniere extrémité. Aujourd'hui on s'irrite

____

(1) Voyez la note finale.

de la moindre contradiction, on souffre impatiemment les plus courts délais (1); & votre Parlement s'est vu soumis à une coaction prompte & soudaine, dans le moment où l'on venoit de lui présenter la Loi pour y délibérer. Votre sagesse, SIRE, se hâtera de réparer un désordre qui flétriroit la gloire de votre regne; vous ne permettrez pas qu'on se joue des institutions les plus saintes, ni que les formes les plus sacrées dégénérent en spectacle trompeur & en vaine cérémonie.

Dans les Gouvernemens modérés, le Prince ne se livre pas tellement à un petit nombre d'hommes, qu'il ferme l'oreille à la voix libre & généreuse de son Conseil public & légal, de ces Corps dépositaires des Loix, qui les annoncent lorsqu'elles sont faites, & les rappellent lorsqu'on les oublie. Loin de regarder les ménagemens comme une foiblesse, il cherche à rendre l'autorité aimable en la tempérant par la douceur, & ne la laissant presque jamais agir dans toute son étendue.

Les Etats despotiques, au contraire, demandent une obéissance extrême; & la volonté du Prince, une fois connue, doit

______

(1) *Barbaris cunctatio servilis statim exequi regium videtur. Tacite annal., liv. 5.*

avoir infailliblement fon effet par une aveugle & infurmontable néceffité. *Il n'y a point de tempérament, de modifications, d'accommodemens, de remontrances ; rien d'égal ou de meilleur à propofer. L'homme eft une créature qui obéit à une créature qui veut..... Le partage des hommes, comme des bêtes, y eft l'inftinct, l'obéiffance, le châtiment* (1).

SIRE, nous ne pouvons le diffimuler à VOTRE MAJESTÉ. Ce que nous entendons, ce que nous voyons, tout nous fait craindre que votre Gouvernement ne fe laiffe emporter par un mouvement impétueux, & n'aille fe perdre dans le defpotifme. Mais, *fi les Monarques qui vivent fous les Loix fondamentales de l'État font plus heureux que les Princes defpotiques qui n'ont rien qui puiffent régler le cœur de leurs Peuples ni le leur* (2); *s'il eft vrai, ce qu'on a vu dans tous les temps, qu'à mefure que le pouvoir du Monarque devient immenfe, fa fûreté diminue* (3); nous élever, avec courage, contre tout ce qui tendroit à corrompre ce pouvoir jufqu'à le faire changer de nature, c'eft travailler pour les vrais in-

---

(1) Efprit des Loix, liv. 3, chap. 10.
(2) Efprit des Loix, liv. 5, ch. 2.
(3) Efprit des Loix, liv. 8, chap. 7.

térêts de VOTRE MAJESTÉ, c'eſt vous donner les plus fortes preuves de notre dévouement, de notre amour & de cette inviolable fidélité que nous vous avons jurée ; fidélité qui ne connoîtra jamais de bornes, lors même qu'elle en mettra à notre obéiſſance.

Ce ſont là les très-humbles & très-reſpectueuſes Remontrances qu'ont cru devoir préſenter à VOTRE MAJESTÉ,

SIRE,

Vos très-humbles, très-obéiſſans, très-fideles & très-affectionnés Serviteurs & Sujets,

LES GENS TENANT VOTRE COUR DE PARLEMENT A TOULOUSE.

Fait à Toulouſe, en Parlement, le premier Avril 1788.

NOTE FINALE.

CHARLES VI, en 1413, fit déchirer certaines Lettres & Ordonnances , *pour avoir été foudainement & hâtivement publiées fans avoir été avifées par la Cour de Parlement.* (Du Tillet, Recueil des Rangs.)

Au rapport de Philippe de Comines, liv. 2, ch. 14, Louis XI difoit au Duc de Bourgogne , *qu'il defiroit d'aller à Paris faire publier leurs appointemens en la Cour de Parlement, pour ce que c'eft la coutume de France d'y faire publier tous accords, autrement ne feroient de nulle valeur. Toutefois les Rois y peuvent toujours beaucoup.*

Le même Roi, en révoquant des Edits qu'il avoit envoyés à fes Parlemens, jura qu'il leur feroit bon Roi, & que de fa vie il ne les contraindroit à faire chofe contre leur confcience. (Bibliotheque du Droit François, par Bouchel.)

La Cour de Parlement eft le vrai Sénat du Royaume, où les Edits & Ordonnances des Rois prennent leur derniere forme & autorité, quand ils y font publiés & enregiftrés. (Difcours de Louis XII, féant au Parlement le 13 Juin 1499.)

François Ier oppofoit à Charles-Quint, que les Loix fondamentales de fon Etat étoient de ne rien entreprendre fans le confentement de fes Cours fouveraines, entre les mains defquelles réfidoit toute fon autorité. (Remontrances du Parlement de Paris, de 1615.) L'Edit de Villers-Cotterêts, du mois d'Août 1539, abolit celui de 1529, principalement *parce qu'ice-lui Edit n'avoit été vérifié en la Cour de Parlement.*

Henri II, dans fes inftructions données à fes Ambaffadeurs auprès de Charles-Quint, au fujet de l'aliénation du Comté de Nice, convient qu'il en avoit été expédié des Lettres Patentes; mais il dit, *que faute d'avoir été vérifiées, ce qui eft requis & néceffaire, tant de difpofition de droit que par les Ordonnances & ufances du Royaume, lefdites Lettres demeurent fans effet.* (Mém. dreffés & envoyés par M. le Chancelier, fecond Mém.)

Charles IX, dans fes inftructions au Préfident Duferrier, fon Ambaffadeur à Rome, fonde le peu d'autorité du Concordat fur ce que la publication n'en avoit été faite que *par impreffion grande, & comme par contrainte....* il le charge encore de déclarer au Pape, *que par la conftitution du*

Gouvernement, & suivant les anciennes Ordonnances inviolablement observées, rien ne peut avoir force de Loi publique en France, qui ne soit publié & autorisé en vertu d'un Arrêt du Parlement. (Preuves des Libertés, chap. 22.)

Harangue de Henri IV, en l'an 1559, où il reconnoît *que la vérification est nécessaire pour la validité des Loix.* (Joly, Offices de France, liv. 1.) Comme on lui représentoit qu'un certain Edit ne seroit jamais enregistré, s'il n'ôtoit au Parlement la liberté des suffrages. *A Dieu ne plaise,* répondit-il, *que je me serve de cette autorité qui se détruit en la voulant établir, & à laquelle je sais que les Peuples donnent un mauvais nom.*

Louis XIV reconnoît dans la Déclaration du 31 Juillet 1648, *que les Loix & Ordonnances sont envoyées dans les Compagnies souveraines établies principalement pour autoriser la justice des volontés des Rois, & les faire recevoir par les Peuples avec le respect & la vénération qui leur est due.*